AF234451

LA COLONNE

PAR

LOUIS DE ROZEN

PARIS

AMYOT, ÉDITEUR, 8, RUE DE LA PAIX

LA COLONNE

Le 5 mai 1821, Napoléon Ier expirait à Sainte-Hélène.

Cinquante ans après, presque jour pour jour, les républicains, maîtres de Paris, jetaient bas sa statue et renversaient sur le fumier la colonne qu'il avait élevée à la gloire des armées françaises.

C'est là un crime que la postérité refusera de croire et que l'histoire aura honte d'enregistrer.

« Espéraient-ils, disait le duc de Magenta dans la proclamation qu'il adressait à son armée, espéraient-ils, les auteurs indignes de cet attentat à la gloire nationale, effacer la mémoire des vertus militaires dont ce monument était le glorieux symbole ? »

Aujourd'hui la colonne est relevée. Mac-Mahon, président de la République, a tenu la promesse que faisait à ses soldats Mac-Mahon, commandant en chef de l'armée de Versailles. Le soldat de Magenta a fait son devoir vis-à-vis du soldat d'Austerlitz.

A nous maintenant, Français et Impérialistes, de faire le nôtre.

5 mai 1874.

La colonne est debout. La statue de l'Empereur va reprendre sa place au haut du monument. Un de ces jours on enlèvera les derniers voiles, on démolira les échafaudages ; le vandalisme de la Commune semblera effacé ; il ne restera plus rien de cette folie d'un jour et de l'œuvre fatale du citoyen Courbet, cet Érostrate de la Courtille. On pourra croire que la France a fait un mauvais rêve. Voilà tout.

Quant à une cérémonie d'inauguration, qu'on n'y compte pas. Peut-on en ce temps-ci songer à contrister ces alliés possibles, ces bons républicains, ces amis de M. Thiers, ces hommes, préparateurs, instigateurs et défenseurs de la Commune, qui les premiers ont réclamé la destruction de la colonne Vendôme, qui ont préludé au massacre des otages par le crime de septembre, et qui aujourd'hui, préparés pour de nouveaux attentats, siégent encore dans les assemblées, parlent encore, discutent encore ; ces hommes que le châtiment n'a pas atteints et dont l'impunité est un outrage permanent à la justice ?

Non, on ne fera pas d'inauguration solennelle. A l'heure où les Rochefort s'évadent, les Jules Favre ont droit à des égards.

D'ailleurs, on aura soin de trouver un prétexte. On s'est dernièrement créé un précédent en inaugurant à je ne sais quelle heure matinale la statue de Jeanne d'Arc. On semble avoir peur de rappeler la patrie, de montrer que jadis il y a eu une France, une France glorieuse, victorieuse et indomptée. Si le peuple s'en souvenait, songez donc !

Quoi ! est-ce de l'étranger qu'on a peur ? Mais alors, pour plaire à l'étranger faudra-t-il donc rayer de notre histoire tous les noms de victoires, jeter à la voirie Tolbiac et Denain, Iéna et Fontenoy, Austerlitz et Solferino ? Faudra-t-il, Français abaissés, que nous ne réclamions pour nôtres, que nous n'inscrivions sur nos portes jadis triomphales, ouvertes maintenant au seul défilé des étrangers, que les noms d'Azincourt, de Poitiers, de Rosbach, de

Malplaquet et de Waterloo ? faudra-t-il préparer pour nos vainqueurs une litière de nos vieux drapeaux, et confondant dans une même honte l'oriflamme de Philippe-Auguste et l'étendard de Louis XIV, les aigles de l'Empire et les piques de la Révolution, jeter par brassées à leurs pieds tout l'honneur, toute la gloire, toutes les victoires de la patrie ?

Non, ce n'est pas de l'étranger qu'on peut avoir peur. Quoi ! on redouterait que le peuple se souvînt de ses grandeurs d'autrefois ? Mais brûlez alors ces livres qui racontent son histoire ; détruisez ces monuments sur lesquels le passé est inscrit ; interdisez ces récits qu'illumine d'un éclat inattendu le témoignage du narrateur ; faites le silence, vous direz que vous avez fait la paix !

De quoi donc a-t-on peur ? Ah ! nous le savons bien, nous autres ; nous, qui sentons un cœur de peuple battre dans nos poitrines. Ce qu'on craint, c'est l'Empire, dont cette colonne est le symbole. Celui dont on a peur c'est l'Empereur, celui qui a bâti cela avec de la gloire plus qu'avec de l'airain ; celui dont la statue remonte là, celui qui est l'homme de ce siècle comme il est l'homme de la France. Ils ont peur que le peuple ne le reconnaisse et ne le salue d'un cri d'admiration et de reconnaissance ; ils ont peur que la France ne se reporte à ce temps-là, au temps des fêtes triomphales, des rentrées victorieuses, au temps de la richesse et de la gloire, et que, les regardant après avoir contemplé l'homme de bronze, elle s'étonne de les trouver si petits.

Soit ! aussi bien qu'a besoin l'Empereur des splendeurs officielles, quel effet en face de cette colonne feraient ces velums roses, ces fleurs fanées, ce garde-meuble flétri, ces banquettes où s'asseyent les danseuses. Qu'ils gardent tout cela. L'inauguration, le peuple s'en charge, il aura pour lui le soleil, qui ne manque pas à ses fêtes, la verdure immense des arbres et l'azur du ciel. Qu'on laisse faire le peuple. Lui seul est assez grand encore, malgré tout, pour pouvoir contempler en face l'homme dont il fait son Dieu ! En regard des petitesses du présent, de ces fusions manquées, de ces conjonctions avortées, de ces batailles de tribune, de ces victoires d'antichambre et de ces alliances de buvettes, qu'on laisse le peuple lire son histoire !

Ce qu'elle représente, cette colonne triomphale, c'est cette merveilleuse campagne de 1805, qui commence au camp de Boulogne et qui se termine dans la capitale de l'Autriche. Ce sont ces combats de Wertingen, de Gunsbourg, d'Elchingen et cette capitulation d'Ulm, chef-d'œuvre de la tactique militaire. En vingt jours, sans livrer bataille, Napoléon avait détruit une armée de 80,000 hommes. Puis, c'est la bataille de Caldiero, les combats de Dirnstein, de Mariazell et d'Hollabrünn, et cette bataille d'Austerlitz, livrée au jour anniversaire du couronnement, où 100,000 Austro-Russes, enveloppés dans un commun et épouvantable désastre, sont en moins de quatre heures coupés, dispersés ou noyés.

Voilà pourquoi le Sénat décréta qu'un monument serait élevé à Napoléon le Grand. Voilà quels sont les fastes que le peuple peut venir lire. Car ce sont ses pères qui ont gagné ces batailles, et le peuple se souvient avec orgueil de cette parole que l'Empereur adressait à chacun des soldats de la grande armée : « Il vous suffira de dire : J'étais à la bataille d'Austerlitz, pour qu'on vous réponde : Voilà un brave [1]. »

Et qu'est-ce que cette campagne encore, qu'est-ce

(1) Proclamation du 3 décembre 1805.

que cette guerre dans l'épopée impériale? Ce n'était qu'à la grande armée de 1805 que l'Empereur victorieux avait élevé cette colonne ; c'est à l'Empire tout entier que le peuple l'a consacrée. Il a confondu dans une même admiration, dans une adoration semblable les soldats de Marengo et les soldats d'Iéna, ceux de Wagram et ceux d'Eylau, ceux de la Moskowa et ceux de Bautzen, ceux de Montmirail et ceux de Waterloo. Les vainqueurs d'Austerlitz n'ont leur place, là, qu'à côté des vaincus de Leipsick, et tous, soldats de la vieille et de la jeune garde, vétérans d'Égypte ou conscrits de Ligny, ceux de la première et ceux de la dernière heure, ont leur part du monument gigantesque comme ils ont eu leur part dans la gloire de l'Empire !

Que les fils des émigrés, les amis de ce Maubreuil qui, en 1815, attelait son cheval à la statue de l'Empereur ; que ceux qui à Gand trahissaient la patrie et fraternisaient avec le déserteur Bourmont et l'Anglais Wellington, que ceux qui attendaient dans les rangs ennemis la défaite de la France et la curée de l'Empire, que ceux-là se moquent de nous et raillent les soldats de l'Empereur. Qu'ils chassent de leur palais des Invalides les blessés de nos vieilles guerres, qu'ils rient en regardant cette médaille de bronze que consacre l'effigie du grand homme, soit ! ces gens-là font leur métier ; mais nous, nous, c'est sur les genoux de ces vieillards que nous avons appris à lire, ce sont eux qui, nous racontant l'Empire, nous ont fait aimer la France ; ce sont eux qui nous ont mis du sang dans le cœur et qui en nous parlant des grandes guerres nous ont fait vivre ! Oh ! quand, le jour anniversaire de sa mort, les vieux soldats sortaient de leur palais ; quand, se redressant sous leurs uniformes d'autrefois, ils arrivaient en face de la colonne; quand les postes de la garde impériale couraient aux armes pour saluer la gloire qui passait, et quand, battant aux champs, le tambour des soldats d'Austerlitz répondait au tambour des soldats de Magenta, dites, est-ce que vous n'avez pas senti que ces hommes étaient plus grands que nous, meilleurs que nous? est-ce que vous n'avez pas eu envie de vous agenouiller devant la majesté de leur vieillesse?

C'était l'Empire, ces vieux! c'étaient les derniers survivants, témoins et martyrs tout ensemble, car ils avaient témoigné avec leur sang. Combien en reste-t-il? combien ont survécu à ce crime effroyable de septembre, à ce siége de Paris, aux stupidités et aux horreurs de la Commune, à cette dernière ignominie: le renversement de la colonne? Combien sont-ils? Je ne sais — nous les compterons ce jour-là. — Oui, vous y viendrez, soldats de la patrie, vous viendrez revoir votre Empereur, porter à sa colonne des couronnes et des fleurs; vous viendrez les mains pleines de violettes, ces fleurs de Mars, renouveler aux pieds de l'Empereur martyr le serment que jadis vous avez prêté à ses aigles victorieuses. Soldats des dernières batailles, soldats de Montmirail et de Montereau, vous viendrez dire à nos enfants comment celui-là battait les envahisseurs, comment, tenant la campagne à lui seul, il faisait tête à des millions d'ennemis. Vous leur direz comment il est tombé, les trahisons de Lyon et les trahisons de Paris. Vous leur direz qu'à l'heure où vous, vous affrontiez l'Europe coalisée, par derrière des hommes vous vendaient. Vous direz Marmont, vous direz La Fayette, vous direz d'Orléans. Soldats de l'Empereur, vous serez les missionnaires de l'Empire!

Mais ne craignez pas, nos pères, d'être trop vieux

pour porter le fardeau de sa gloire. D'autres seront
à côté de vous qui raconteront au peuple l'histoire
des derniers jours. Vous nous direz, vous, ce qu'ont
été Napoléon Ier et Napoléon II, le martyr de
Sainte-Hélène et le martyr de Schœnbrünn; l'un, ce
soldat qui a mené le drapeau tricolore à travers le
monde, empereur et général, et qui, après cent batailles, est mort là-bas, sur une île presque déserte
de l'Atlantique, déporté, gardé à vue, surveillé même
dans son agonie, et l'autre, cet enfant baptisé roi de
Rome à sa naissance, qu'un peuple avait acclamé,
que le monde reconnaissait pour le fils de l'Empereur et pour votre fils, à vous, et qui, vaincu avant
d'avoir pu combattre, arraché à cette terre de
France, s'en alla mourir de consomption et de désespoir au fond d'un palais d'Autriche ! Vous nous
direz le premier Empire, ses gloires, ses grandeurs
et ses désastres ; mais d'autres raconteront ce que
fut le second Empire! Ceux-là, ouvrez-leur vos
rangs, ils sont dignes de vous. Leur sang, comme le
vôtre, a coulé pour l'honneur de la patrie et la dé-
fense de la nation ; comme vous ils ont eu leurs
journées victorieuses, et comme vous, pour avoir
voulu grandir outre mesure cette France et en faire
la reine des nations, ils ont vu un jour l'Europe
ameuter contre eux ses rois et précipiter sur eux le
monde Ils diront, ceux-là, ce que fut le troisième
Empereur. Ils diront sa foi profonde dans le peuple,
ses efforts pour le délivrer et lui rendre ses droits.
Ils raconteront ces journées de Strasbourg et de
Boulogne, où seul, proclamant les droits de la nation,
arrachant son masque à une monarchie usurpatrice,
affirmant au peuple le droit qu'il a de disposer de lui-
même, il vint dire à la France : « Je ne suis qu'un
de tes enfants, mais je veux que ta volonté soit la

loi. Mère, parle, et l'on sera bien forcé de t'obéir. »

Et puis ils diront cette révolution du mépris balayant ce trône de Juillet élevé sur des mensonges et consolidé par des massacres ; ils diront cette république de 1848, plus honteuse que la monarchie qui l'avait précédée, aussi lâche devant l'Europe, aussi tyrannique devant le pays ; ils diront ces journées de juin où le peuple, las des avocats, poussé par la faim et la misère, réclama les armes à la main le bonheur que les avocats lui avaient promis ; et puis ils diront comment s'est fait l'Empire.

Je m'en souviens moi aussi. En ce temps-là, comme aujourd'hui, la France attendait un sauveur. D'un côté les blancs voulaient la prendre ; de l'autre, les rouges attendaient leur heure ; terreur à droite comme à gauche. On avait gagné du temps en remettant le pouvoir à un soldat, Cavaignac. Je n'ai pas à le juger aujourd'hui. Mais il fallait sortir du provisoire. Il fallait que la France, assurée du lendemain, pût recommencer à travailler, à commercer, à produire, à vivre ; le gouvernement de ce soldat n'était qu'un expédient, il fallait du définitif, la France voulait respirer.

Alors le peuple se souvint que par delà la Manche vivait un homme qui toujours et partout avait affirmé le droit qu'ont les nations de disposer d'elles-mêmes. Il se souvint que cet homme, fidèle à la fois à son nom et au génie de sa race, avait combattu pour les peuples opprimés, protesté pour la Pologne et l'Italie, affirmé le droit qu'a la France d'être écoutée quand il s'agit des affaires du monde. Il se souvint que cet homme était l'héritier de l'Empereur, le neveu de César, et qu'il relevait ce drapeau tricolore dont les d'Orléans avaient fait la risée de l'Europe. Il sut que cet homme aimait le peuple, que toute son ambition était d'améliorer le sort des pauvres et de convier au banquet de la vie ceux qui jamais n'y avaient pris place. Il vint un jour où la France fut consultée ; elle se souvint de cet homme et, le 10 décembre 1848, elle l'acclama par 5 millions de voix.

Le peuple avait cru faire un empereur. Il n'avait fait qu'un président de République, quelque chose de moins qu'un roi constitutionnel, *ce cochon à l'engrais*, comme disait Napoléon. Ses mains étaient liées pour le bien, et on faisait le mal en son nom. Autour de lui s'agitaient toutes sortes d'ambitions malsaines et de conspirations obscures. Une assemblée d'énergumènes paralysait par ses discours, ses apostrophes, ses colères, ses émeutes, toute la vigueur de la France. Enfin un jour cette assemblée conspira ouvertement contre l'élu de la France. Louis Napoléon répondit à des actes factieux par un acte qui n'était pas légal, mais qui était légitime. Il posa franchement, nettement, au pays cette question : « Voulez-vous être gouvernés par moi ? »

Sept millions de *oui* lui répondirent.

Alors ce fut l'Empire. Et cette fois ce ne fut point l'épée qui eut la meilleure part dans l'œuvre du nouveau Napoléon. Ouvriers, ces misérables avocats qui en juin vous ont poussés à la révolte, qui en septembre vous ont menés à l'assaut de l'Empire, qui en mars, sous la Commune, vous ont laissé mourir, et qui, après avoir fomenté l'émeute, l'ont combattue sans pitié, ces avocats, les hommes de Février 1848 et de Septembre 1870, les croyez-vous encore ? Est-ce vrai que les vingt années d'Empire ont été vingt ans de corruption ? Est-ce vrai que vous avez été tyrannisés ? est-ce vrai que l'Empereur, ne cherchant que le pouvoir, vous a abandonnés à la misère et maintenus dans l'ignorance ? Les prenez-vous encore pour des vérités ces déclamations forcenées où, mettant en présence ce que vous aviez et ce qu'ils vous promettaient, ils vous montraient l'Empire comme un régime de souffrance, d'esclavage et de désespoir? Aujourd'hui, en face de la misère chaque jour plus grande, sans travail, sans pain, sans secours, sans protection, vous souvenez-vous enfin de l'Empire?

En ce temps-là, Paris reconstruit apparaissait aux nations étonnées comme un Eldorado d'Occident. En ce temps-là, la France, en pleine possession d'elle-même, débarrassée des rhéteurs et des avocats, travaillait librement et le monde s'ouvrait à sa production centuplée. Les terres jusque-là en friche portaient des moissons. Les marais desséchés voyaient grandir des cités nouvelles; les Landes se couvraient de forêts; des usines s'élevaient de tous côtés. C'était Paris qui travaillait, qui pensait, qui s'amusait pour le monde tout entier. Lyon, la ville hideuse d'autrefois, devenait la seconde ville de l'Empire, la première du monde après Paris. Marseille était la capitale de la Méditerranée. Les flottes françaises, concurrentes pacifiques des flottes anglaises, sillonnaient les mers de l'Orient; en ce temps-là, les vieillards avaient un asile et les enfants un protecteur. Vous vous en souvenez; le protecteur de vos enfants c'était le fils même de l'Empereur. Celui qui s'est chargé de l'avenir de vos fils, est-ce qu'à présent vous ne vous souviendrez pas de lui? En ce temps-là, sur l'argent que lui donnait la France, l'Empereur prélevait d'abord la part des vieux soldats, la part des blessés, la part des pauvres, de tous les pauvres, si bien qu'au jour où les avocats alliés de la Prusse conspirèrent la chute de l'Empire, l'Empereur était pauvre. Que lui importait à lui? Deux jours après Sedan, quand vaincu et captif il traversait la Belgique, il donnait aux blessés qu'il rencontrait ses dernières pièces d'or. C'est qu'il le savait bien, l'Empire c'est la France. Il tombe avec la France, mais avec elle il se relève ; l'Empire c'est la gloire, c'est la richesse, c'est la fortune de la Patrie. L'Empereur n'avait pas besoin de millions !

Ouvriers, vous direz ce que furent ces vingt années où pas une heure l'ordre ne fut troublé, où l'Empereur vous a délivrés des dernières entraves par lesquelles vous avait liés l'aristocratie bourgeoise, où vous avez eu le droit de vous associer, le droit de vous réunir, le droit de parler, le droit d'écrire, tous les droits. Vous direz cette richesse sans cesse croissante, ce bien-être toujours grandissant, et à ces soi-disant ascètes qui, en sortant d'un dîner fin, déclament sur les vingt ans de corruption, à ces avocats qu'enrichit la misère publique et qui s'engraissent de l'universelle famine, vous direz si vous préférez mourir de faim avec l'austérité de leur République, ou vivre heureux et libres sous la corruption de l'Empire ?

Où donc était-elle d'ailleurs cette corruption ? Si la France s'enrichissait, si la France était plus heureuse et plus libre, les Français en étaient-ils devenus plus lâches ? Interrogez les peuples ; ils ont vu le drapeau tricolore flotter sur toutes les mers et chaque fois qu'ils l'ont salué ils ont frémi de joie et d'enthousiasme, car ils savaient que partout où allait ce drapeau de la France, « une grande pensée le guidait et qu'il était suivi par un grand peuple ».

Soldats de Crimée et d'Italie, soldats de Chine et du Mexique, vous les raconterez au peuple ces vingt années de gloire et de splendeur. Vous direz ces batailles de l'Alma et d'Inkermann, où les aigles reçurent leur premier baptême. Vous direz ces jours d'assaut où, la baïonnette en avant, vous surmontiez les murs de Malakoff ; vous direz la Chine et cette expédition miraculeuse, où, sous la conduite de Montauban, cet émule de Cortez, cinq mille Français conquéraient un Empire de cent millions d'hommes ; vous direz Puebla et cette retraite de Lorencez à laquelle manque seul un Xénophon ; vous direz ce nouvel Empire latin fondé par delà les mers, rêve gigantesque, que par malheur n'a pu exécuter lui-même Celui qui l'avait rêvé. Vous direz cette Italie d'Eugène et de Murat délivrée, reconquise et rendue à elle-même, les journées de Montebello, de Marignan, de Palestro, de Magenta et de Solférino ; vous direz tout, entendez-vous bien, et cette dernière guerre dont vos blessures saignent encore ; vous direz comment mourut Douay à Wissembourg, comment à Reischshoffen Mac-Mahon arrêta avec 30,000 hommes 260,000 Prussiens, comment avec un corps d'armée Frossard, à Forbach, fit tête à trois armées ; vous direz les grandes batailles : Saint-Privat, Borny, Gravelotte, Mars-la-Tour ; vous direz ce qu'a fait Canrobert votre vieux général, et les charges héroïques de vos cavaliers, et les retours de la garde ; vous direz tout, vous direz Sedan ; vous direz s'il a été lâche notre Empereur ; si c'est vrai qu'il a reculé devant l'ennemi et que c'est pour sauver sa vie qu'il a capitulé ; vous direz comment vous l'avez vu, marchant seul, laissant derrière lui son état-major, allant là où les obus tombaient, et s'arrêtant pour attendre que la mort voulût bien venir ; vous direz si c'est pour vous ou pour lui qu'il a fait hisser le drapeau blanc, si c'est pour vous ou pour lui qu'il a capitulé, si c'est à vous ou à lui qu'il a sauvé la vie. Si vous vivez, c'est par lui; celui qui vous a rachetés, c'est lui; celui qui a préféré votre vie à son trône, à sa dynastie, à lui-même, c'est lui. Oh! vous le savez bien; vous répondrez à ces misérables qui, s'embusquant derrière leurs portefeuilles, y embusquant avec eux leurs fils, leurs bâtards, leurs neveux et leurs gendres, accusent l'Empereur d'avoir été lâche; vous leur répondrez à ces infâmes qui, traîtres à la France, ont fait des révolutions pendant que vous vous battiez, ont empli leurs poches pendant que vous mouriez de faim, ont placé leurs fils, tandis que pour vos blessures on vous refusait l'aumône d'une pension.

Bataillons que la Gloire a sacrés, soldats de Waterloo et de Sedan, vous n'aurez pas pour vous conduire à ce dernier pèlerinage votre ancien général, Ney, le brave des braves, les blancs l'ont tué; mais vous, vous avez Canrobert, l'homme de Saint-Privat, celui qui avec vous a creusé le tombeau de la garde prussienne; vous avez Mac-Mahon, l'héroïque vaincu de Reischshoffen, votre général dans le Waterloo du second empire, celui qui à Magenta, nouveau Desaix, a décidé de la victoire, celui qui à Malakoff, debout sur la tour minée, répondait aux ordres de retraite: « J'y suis, j'y reste. »

D'ailleurs, qu'avez-vous besoin de généraux? c'était du peuple que l'Empereur tirait ses lieutenants: de Murat, le fils du cabaretier, il faisait un roi; de Ney, le fils du tonnelier, il faisait un prince; d'Augereau, le fils de la fruitière, il faisait un duc; de Junot, le sergent de la batterie *des hommes sans peur*, il faisait son ami.

Soldats de Napoléon Ier et soldats de Napoléon III, vous êtes les fils de la même mère, et c'est le même sang qui coule dans vos veines; vous avez combattu les mêmes ennemis et souffert des désastres pareils. On vous a appelés, vous, les brigands de la Loire, et, vous, les capitulards de Sedan. Pendant que vos chefs prisonniers agonisaient, on vous a dit que c'étaient eux qui vous avaient trahis, eux qui vous avaient livrés, on vous a dit qu'ils étaient lâches, on a appelé l'un Nicolas Buonaparte et l'autre Badinguet ; on les a caricaturés, vilipendés, chansonnés ; on a renversé leurs statues et abattu leurs aigles, on a effacé leurs noms sur les monuments qu'ils avaient construits, et remplacé leur effigie sur la croix d'honneur qu'ils vous avaient donnée ; on a, par tous les moyens, cherché à arracher de vos cœurs le souvenir de ces hommes qui avaient combattu, souffert, vaincu et pleuré avec vous, vous vous en souvenez ! Soldats, la colonne Vendôme est debout, venez prier pour vos Empereurs !

2180. — Paris, imp. Jouaust, rue S.-Honoré, 338.

www.ingramcontent.com/pod-product-compliance
Lightning Source LLC
LaVergne TN
LVHW010252060726
842527LV00007B/2753